Scalpen macht Spaß!

I0503419

Teil 3: Wie bewerte ich meine Trading-Ergebnisse?

Heikin Ashi Trader

Inhaltsverzeichnis

1. Das Trading-Journal als Waffe

Bücher über Money Management gibt es bekanntlich nicht sehr viele und für Scalper schon gar nicht. Deshalb möchte dieses Buch diese Lücke schließen und einen Beitrag zum besseren Verständnis dieses besonderen Trading-Stils leisten. Ich bin der Überzeugung, dass gerade das Money Management die Sonderstellung des Scalpers im Universum der Börsen-Strategien erst richtig herausstellt.

In diesem dritten Teil der Reihe „Scalpen macht Spaß!" möchte ich Ihnen anhand der Lernkurve eines einzelnen Traders zeigen, wie gerade das Trading-Journal und vor allem die statistische Auswertung dieser Daten das stärkste Argument für Scalping bildet. Scalper, die über eine große Menge an Trading-Daten verfügen, sind hier klar im Vorteil. Ihre Daten sind am zuverlässigsten (umfangreichsten), wenn es darum geht, schnell und effektiv aus Fehlern zu lernen und die Schwelle zur Profitabilität zu überschreiten. Von da an mutiert das Trading-Journal zu einer starken Waffe, mit welcher der Scalper an den Märkten agiert. Mit der Fülle an Daten im Rücken kann er umso selbstbewusster auftreten. Er wächst gleichsam mit seinen Daten. Stabile Ergebnisse erzeugen Zuversicht. Und aus Zuversicht wachsen wiederum stabile Ergebnisse.

Vor allem lernt der Scalper sein eigenes Tun zu begreifen. Die Einsicht, dass Trading und Scalpen Probabilitätsspiele sind, die gemeistert werden können, wächst mit jedem einzelnen Handelstag. Am Beispiel der Trading-Ergebnisse eines einzigen Scalpers möchte ich aufzeigen, wie spannend und schließlich profitabel dieser Weg sein kann. Sie werden als Leser gleichsam erleben, wie ein Anfänger im Laufe von 3 Monaten zu einem selbstbewussten Trader wird, der sich zunehmend dem Potenzial seines eigenen Tuns bewusst wird. Machen Sie sich gefasst auf einen richtigen Finanzkrimi. Los geht's!

2. Die erste 12 Wochen eines neuen Scalpers

Die Trading-Ergebnisse, die Sie jetzt kennen lernen, wurden von einer Traderin erzielt, die ich in meinem Mentoring-Programm 3 Monate lang begleitet habe. Diese Traderin existiert wirklich und ist keine von mir erfundene Person. Auch die Trading-Ergebnisse sind genau die, die die Traderin während ihrer ersten 3 Monate an der Börse erzielt hat. Lediglich ihren Namen habe ich aus Diskretionsgründen geändert und nenne sie in diesem Buch einfach Jenny. Jenny erlaubte mir, ihre Ergebnisse zu publizieren.

Jenny hatte bislang wenig oder keine Erfahrung beim Traden, war aber durch mein erstes Scalping-Buch auf diese Möglichkeit aufmerksam geworden. Sie war wissbegierig und lernbereit. Wir werden anhand ihrer Resultate alle klassischen Fehler wiedererkennen, die fast jeder Trader am Anfang seiner Lernkurve macht. Deswegen bin ich Jenny dankbar, dass sie mir ihre Daten für dieses Buch zur Verfügung gestellt hat. Natürlich ist die Lernkurve bei jedem Trader anders. Aber die nachfolgenden Berichte von Jennys ersten 12 Trading-Wochen machen vielleicht klar, dass die Lernkurve schneller absolviert werden kann, wenn man sich auf einen Stil wie Scalping ernsthaft einlässt. Es ist ganz einfach: je mehr Trades Sie machen, desto mehr (und schneller) sammeln Sie Erfahrung.

Scalper durchlaufen Prozesse, für die normale Anleger mitunter Jahre brauchen. Jenny hat in dieser Periode ungefähr 1000 Trades durchgeführt. Es ist klar, dass sie somit die Chance hatte, das Trading schnell und effektiv zu lernen. Und sie hat die Chance ergriffen. Zur Information: Jenny scalpt ausschließlich Währungen. Am Anfang hat sie noch sehr unterschiedliche Währungspaare gehandelt, aber nach und nach ist sie darauf gekommen, dass es besser wäre, sich zu spezialisieren (auch dies ein Ergebnis der schnelleren Lernkurve!). Sie entschloss sich irgendwann, sich nur noch mit dem EUR/USD zu beschäftigen. Natürlich tat sie dies wegen der guten Liquidität und der engen Spreads in diesem Devisenpaar. Sie hätte natürlich auch ein anderes Hauptpaar wählen können wie GBP/USD oder USD/JPY, aber offensichtlich fühlte sie sich am wohlsten beim Euro. Sie hat sich gleich für einen professionellen Forex-Broker entschieden, bei dem man ein commission-based Modell angeboten bekommt. Im Gegensatz zu den meisten anderen Forex-Brokern, bei denen der Kunde „lediglich" den Spread zahlt, zahlt sie hier eine kleine Kommission. Zu der Zeit waren dies 2,42 Euro pro Roundturn pro Minilot (10.000 $).

Dafür erhielt sie aber ausgezeichnete Konditionen. Wenn man beim Spread-Modell schnell mal mit 1 bis 1,5 Pips Spread beim EUR/USD rechnen muss, sind es beim commission-based Modell oft lediglich 0,2 oder 0,4 (Durchschnitt). Das ist ein enormer Vorteil. Der Euro braucht sich nur ein wenig zu ihrem Gunsten zu bewegen und schon ist sie im Gewinn. Und das ist es doch genau, worauf es beim Scalpen ankommt.

Bezüglich der Kommissionen gebe ich hier genau wieder, was Jenny auch tatsächlich gezahlt hat. Trotz der guten Konditionen war das nicht gerade wenig. Natürlich könnte man hier einwenden, dass Scalping nicht profitabel sein kann, weil die Kommissionen die Gewinne wegfressen. Ich möchte diesen Einwand nicht leichtfertig abtun. Er ist berechtigt. Ein Scalper muss eben sehr gut sein, um diese Hürde zu überwinden. Und es ist sicher am Anfang schwer, sich vorstellen zu können, dass dies möglich ist. Wir werden öfter sehen, dass Jenny zwar einen kleinen Wochen-Gewinn vorweisen konnte, am Ende durch die Kommissionen aber trotzdem kein Geld verdient hat. Es war meine Aufgabe, sie trotzdem durch diese Periode hindurchzulotsen. Denn wer es einmal schafft nach Gebühren Gewinne zu erzielen, für den kann Scalping äußerst profitabel werden. Scalper gehören mitunter zu den bestbezahlten Tradern an der Börse.

Gerade deswegen ist eine Begleitung durch einen Coach in der Lernphase so wichtig. Man kann eben schnell entmutigt werden, wenn man niemanden an seiner Seite hat, der einem das Licht am Ende des Tunnels zeigt. Ich empfand es als meine Aufgabe, ein möglichst breites Fundament für Jennys Scalping zu legen. Profitieren davon würde sie erst später bei zunehmender Erfahrung. Denn Erfahrung ist, worauf es schließlich ankommt, und die wird bekanntlich nur durch das tägliche Tun erlangt. Irgendjemand hat einmal von 10.000 Stunden gesprochen, die notwendig sind, um eine Fähigkeit nicht nur zu erlernen, aber auch um Meisterschaft in ihr zu erlangen.

Wir sehen den Topsportler bei seiner Top-Leistung bewundernd zu. Wir lauschen verzückt dem Konzertpianisten beim Spielen einer Chopin-Mazurka. Die vielen tausenden vorangehenden Übstunden sehen oder hören wir nicht. In diesem dritten Buch der Reihe „Scalpen macht Spaß!" soll es primär um diese Übstunden gehen. Wir schauen gleichsam Jenny über die Schulter zu. Wir erleben von Woche zu Woche, wie sie versucht, eine profitable Scalperin zu werden. Wir analysieren ihre Wochen-Ergebnisse und besprechen die Statistik dieser Daten. Somit hoffe ich, dass dieses Buch einen Beitrag leistet zum tieferen Verständnis dieses einzigartigen Trading-Stils, der Scalping genannt wird.

Jenny hatte auf Grund ihrer mangelnden Erfahrung am Anfang noch keine Regeln bezüglich ihrer Positionsgrößen. Sie hat sie ständig gewechselt, oft sogar am selben Tag. Wir werden die Positionsgrößen in unseren Überlegungen also nicht miteinbeziehen, obwohl mir durchaus bewusst ist, dass ein kluger Positionsgrößen-Algorithmus eine Rolle im Erfolg spielen kann (und sollte). Der Einfachheit halber werden wir also für diese Periode von 3 Monaten von einer gehandelten Positionsgröße von 10.000 $ ausgehen. Entscheidend ist letztendlich erstmal die Anzahl an Pips, die Jenny pro Trade realisiert hat. Aus diesen Daten wollen wir lernen und Regeln für das Money Management eines Scalpers herausarbeiten. Ich hoffe, dass das Thema, das für manche vielleicht „trocken" oder „langweilig" erscheinen mag, dennoch spannend werden kann. Nicht zuletzt hoffe ich natürlich, dass eine tiefere Einsicht in diese Thematik den Blick schärft für das, worauf es wirklich ankommt an der Börse und beim Scalpen.

Woche 1

Bild 1: Jennys Trades, Woche 1

						total
Monday	2,5	2,5	1			6
Tuesday	3,8	-7,6	4	1	1	2,2
Wedn.	-10	13	-10	18	5	19
	-25	18	10			
Thursd.	5	3	0,5	3,7	3	-2,8
	-8	-10	-10	10	-2,8	
Friday	8,4	-5	3	-4	-12	
	-9,6					-9,6
week 1						14,8

Jenny machte in ihrer ersten Scalping-Woche 32 Trades. Die Zahlen in der Tabelle sind die Pip-Anzahl (plus oder minus), die sie dabei erzielte. Sie arbeitete in dieser ersten Woche mit einem fixen Stop-Loss von 10 Pips. Wir sehen dies daran, dass etliche Verlust-Trades tatsächlich auf -10 endeten. In diesen Fällen wurde der Trade durch das System geschlossen und nicht durch ihre Initiative. Dies war zum Beispiel bei den Verlusten von -4 oder -5 der Fall. Wir sehen allerdings auch, dass zwei Verlust-Trades größer waren als die festgesetzten 10 Pips. Nämlich am Mittwoch steht ein Verlust von 25 Pips zu Buche und am Freitag ein Verlust von 12 Pips. Der Freitagsverlust ist zurückzuführen auf Slippage. Als Slippage betrachtet man den Unterschied zwischen dem Preis, zu dem man ausgeführt werden möchte und dem Preis, zu welchem man tatsächlich ausgeführt wird. Dies passiert gerade bei Stop-Loss-Orders öfter als man vermuten könnte, zumal diese Orders in Wirklichkeit Market-Orders sind. Denn der Scalper möchte, dass seine Position geschlossen wird, sobald ein bestimmter Kurs erreicht wird. Dies geschieht „Bestens" und der Trader geht damit das Risiko ein, Slippage in Kauf nehmen zu müssen. Die geschieht natürlich oft dann, wenn schnelle Bewegungen gegen die Position des Traders laufen. Slippage gehört nun mal dazu und ist im Übrigen auch ein Zeichen dafür, dass der Scalper in einem echten Markt agiert. Das heißt: Er hat wirkliche Counterparties bei seinen Trades. Dies können Banken, Hedgefonds oder einfach auch andere Trader sein. Es ist aber meistens das Zeichen, dass er nicht gegen einen Marketmaker ankämpft. Slippage gehört also zu den Kosten des Scalping-Geschäfts und muss als solches betrachtet werden. Ich hatte von daher in meiner Besprechung mit Jenny kein Problem mit dem Freitagsminus von -12. Zur Diskussion kam aber durchaus der Verlusttrade von 25 Pips am Mittwoch. Wie konnte das passieren? Dies war eindeutig nicht das Ergebnis von Slippage, sondern die größte Börsensünde überhaupt: das Verschieben eines Stopps.

Gott sei Dank war Jenny einsichtig. Sie verstand sofort, dass dieses Verhalten ihr nur schaden würde, wenn sie dies zur Gewohnheit machen würde. Wenn sie den Stopp auf -10 gelassen hätte, wäre das Wochen-Ergebnis nicht 14,8 sondern 30 Pips plus gewesen. Man sieht wie nefast sich auch nur ein einziger solcher Fehler auf das

Wochen-Ergebnis auswirkt. Trotzdem war der kleine Wochengewinn gar nicht mal so schlecht für eine Anfängerin. Aber war es wirklich so gut? Dafür schauen wir mal auf die statistische Auswertung dieser ersten Woche.

Bild 2: Jennys Statistiken, Woche 1

trading statistics	week 1
total trades	32
win	20
loss	12
break-even	0
average win	5,82
average loss	9,5
hitrate	62,50%
payoff-ratio	0,61
expectancy	0,15

Auf dem ersten Blick sehen diese Ergebnisse in der Tat gut aus. Immerhin konnte Jenny von 31 Trades 20 mit Gewinn abschließen.

Lediglich 12 Trades endeten im Verlust. Der Begriff dafür im Trading heißt Trefferquote und die lag in der ersten Woche bei 62,50%. Gut gemacht, könnte man meinen. Schauen wir aber genauer hin. Wieviel hat sie nun gewonnen, wenn sie einen Trade im Gewinn abschließt? Der durchschnittliche Gewinn lag bei 5,82 Pips. Diese Zahl bekommt man, wenn man alle gewonnenen Pips zusammenzählt und durch die Anzahl der Gewinner, nämlich 20, teilt. Manche Gewinner waren höher als 5,82 Pips manche niedriger, aber im Schnitt machte sie in dieser ersten Woche 5,82 Pips Gewinn.

Wie sieht es nun auf der Verliererseite aus? Wir sehen, dass der durchschnittliche Verlust viel höher war, nämlich 9,5 Pips. Das heißt: Wenn Jenny verliert, verliert sie fast doppelt so hoch als wenn sie gewinnt. Sie sehen: Das sieht schon ein Stück weniger glamourös aus. Wie konnte sie in dieser Woche dann trotzdem einen Netto-Gewinn von 14,8 Pips erwirtschaften? Dies hat sie natürlich dank der relativ hohen Trefferquote von 62,50 % erreicht. Im Grunde kann man Trading auf dieser Weise zur einfachsten Mathematik reduzieren. In der Nachbesprechung dieser Woche am Freitag kam natürlich der hohe durchschnittliche Verlust zur Sprache. Zum einen war natürlich der einzelne Verlust von 25 Pips am Mittwoch mitverantwortlich für die hohen durchschnittlichen Verluste. Aber nicht ausschließlich. Wenn der durchschnittliche Verlust bei 9,5 Pips lag und der Stop-Loss bei 10 Pips stand, dann hat Jenny wenig versucht, um zumindest einige ihrer Verlierer zu begrenzen. Das hat sie sofort eingesehen, denn diese Zahl lässt sich nur verbessern, wenn sie Verlustpositionen schneller schließt.

Wie sieht es nun mit dem durchschnittlichen Gewinn aus? Lässt sich dieser noch verbessern? Und hier war sie zum Glück ganz ehrlich. Sie gab unumwunden zu, dass sie oft bei 2 oder 3 Pips Gewinn den Trade geschlossen hatte, obwohl oft noch viel mehr drin gewesen war. Sie sagte klipp und klar, dass ihr dieser kleine Gewinn lieber war als das Risiko einzugehen, dass ihr dieser Minigewinn wieder abhandenkommen könnte. Verständlich, aber dieses Verhalten verletzt natürlich den zweiten Teil der goldenen Börsenregel: Gewinne maximieren. Mit dieser Einstellung tat sie natürlich nicht an Gewinnmaximierung. Mit diesem nefasten Verhalten steht Jenny nicht allein. Es lässt sich bei vielen Anfängern beobachten. Sie sind in dem irrigen Glauben, dass die Trefferquote (also die Anzahl Gewinner) für den Börsenerfolg entscheidend ist. Dass dem nicht so ist, zeigen ihre Zahlen. Zwar hat ihre Trefferquote sie für diese Woche „gerettet". Immerhin hatte sie einen kleinen Gewinn von 14,8 Pips vorzuweisen. Nach Abzug der Kommissionen von 113,02 Euro war das Netto-Ergebnis für diese Woche leider negativ: -42,17 Euro.

Trotz einer hohen Trefferquote von 62,50 % hatte sie also 42,17 Euro weniger auf dem Konto! Gott sei Dank sah sie dies ein und verstand, dass ihre Neigung, (vor)schnelle Mini-Gewinne mitzunehmen nicht zum Erfolg führen würde. Ihre einzelnen Gewinne müssten also größer werden. Und die einzelnen Verluste kleiner. Das Verhältnis zwischen durchschnittlichem Gewinn und durchschnittlichem Verlust drückt sich in einer weiteren Zahl in unserer Statistik aus:

die **Payoff-Ratio**. Ziel eines jeden Traders sollte sein, die Payoff-Ratio zu steigern, denn es drückt die Profitabilität viel besser aus als die Trefferquote. Hier ist die Formel:

Payoff-Ratio = (Durchschnittlicher Gewinn) / (Durchschnittlicher Verlust)

Das wollen wir jetzt auf Jennys Zahlen anschauen.

Payoff-Ratio Jenny: (5,82) / (9,5) = 0,61

Zwar braucht Jenny lediglich zwei Gewinne, um einen Verlust wettzumachen, dennoch würde sie bei dieser Payoff-Ratio langsam aber sicher pleitegehen. In der ersten Woche hatte sie noch die gute Trefferquote gerettet, aber es gibt keine Garantie, dass sie diese Trefferquote von Woche zu Woche wiederholen könnte. Die Wahrscheinlichkeit dafür tendiert gegen Null. Anders gesagt: Die Arbeit der kommenden Wochen und Monate würde vor allem darin bestehen, die Payoff-Ratio zu erhöhen. Erst wenn diese Zahl stabil über 1 läge, bestünde die Chance, eine profitable Traderin zu werden. Vorausgesetzt die Trefferquote würde über 50% bleiben natürlich.

Nun gibt es in Jennys Statistik noch eine letzte Zahl: die **Expectancy** oder Erwartung auf Deutsch. Die Trading Expectancy ist der durchschnittliche Gewinn (oder Verlust), den ein Trader mit seinem System pro Trade erwarten darf. Natürlich auf Basis seiner bisherigen Daten. Um die Expectancy zu berechnen, brauchen wir 3 Zahlen: die Trefferquote, den durchschnittlichen Gewinn und den durchschnittlichen Verlust. Die Formel lautet folgendermaßen:

Expectancy:

(Probability of Win * Average Win) – (Probability of Loss * Average Loss)

Jenny hatte in ihrer ersten Woche eine Trefferquote von 62,50%. Durchschnittlicher Gewinn war 5,82 Pips. Durchschnittlicher Verlust war 9,5 Pips. Wir können nun ihre Expectancy berechnen:

(0,63 * 5,82) – (0,37 * 9,5) = 0,15

Mit anderen Worten: auf Basis ihrer bisherigen Ergebnisse kann Jenny im Durchschnitt mit einem Gewinn von 0,15 Pips pro Trade rechnen. Wenn wir uns daran erinnern, dass sie ein commission-based Modell handelt, bei dem sie einen Spread im EUR/USD von 0,2 bis 0,4 Pips bekommt, dann wird spätestens hier deutlich, dass Jenny noch nicht über ein profitables System verfügt. Auch wenn ihre hohe Trefferquote dies zunächst vermuten ließ. Jenny schafft noch nicht mal den Spread im EUR/USD. Kommissionen hat sie dann auch noch nicht gezahlt.

Nach der ersten Woche spürte sie deutlich, dass ihr noch eine Menge Arbeit bevorstand. Die wirkliche Bedeutung dieser Zahlen in allen ihren Dimensionen würden ihr erst im Laufe der Wochen klar. Und das ist es, worum es in diesem Buch geht.

Woche 2

Bild 3: Jennys Trades, Woche 2

							Total
Monday	-7	5,2	2,6	2,7	-10	2,3	-1	-5,2
Tuesday	-9,3	4,7	4	3,1	1,5			4
Wedn.	3,4	1,6	0,7	5,7	5,4			16,8
Thurs.	-10	-5,7	11,4	3,6	-5,1	4,2	2,9	-17,1
	3,1	3,1	-6,2	3,1	-6,2	-8	-6	
	-8	-3	1,7	4	2,1	5,3	-3,4	
Friday	3,3	-5,3	-4,2					-6,2
week 2								-7,7

In der zweiten Woche machte Jenny 41 Trades, also etwas mehr als in der ersten Woche. Erfreulich war, dass keine größeren Verluste zu vermerken waren. Ab Donnerstag entschloss sie sich, nunmehr 8 Pips pro Trade zu riskieren. Wir sehen dann auch zweimal -8 auftauchen in der Tabelle. Das ist positiv, denn es zeigt, dass Jenny „an ihrer Defensive" zu arbeiten beginnt. Sie beginnt einzusehen, dass es wichtig ist, die Verluste so weit wie möglich zu begrenzen. Das ist in ihrem Fall auch bitter nötig, denn auf der Gewinnseite sehen wir zwar wieder viele Gewinntrades, aber die allermeisten sind nach wie vor klein. Offenbar konnte sie ihre Neigung, die Position zu schließen, sobald ein kleiner Gewinn zu Buche stand, nicht ändern. Dieses Verhalten führte dann dazu, dass sie die Woche mit einem kleinen Verlust von 7,7 Pips beendete. Das ist nichts Dramatisches, und man kann es eine ganz normale Trading-Woche nennen, wären die Gewinne nicht nach wie vor so klein. Sie gab es bei der Wochenbesprechung auch gerne zu, dass sie wieder froh war mit 1 oder 2 Pips. Hauptsache es war ein Gewinntrade. Wir halten aber positiv fest, dass sich zumindest die Verluste in Grenzen halten.

Bild 4: Jennys Statistiken, Woche 2

trading statistics	week 2
total trades	41
win	25
loss	16
break-even	0
average win	3,63
average loss	4,78
hitrate	61,00%
payoff-ratio	0,76
expectancy	0,43

Wir schauen uns die Daten für die zweite Woche an. Jenny machte 41 Trades. 25 davon waren Gewinner, was eine Trefferquote von 61 % bedeutete. Diese unterscheidet sich also nur geringfügig von der vorigen Trefferquote und illustriert im Grunde Jennys Bedürfnis „Gewinner zu sammeln". Leider müssen wir feststellen, dass der durchschnittliche Gewinn in der zweiten

Woche sogar noch ein Stück gesunken ist.Er liegt nun bei 3,63 Pips. Besser sieht es auf der Verlustseite aus. Hier ist die Zahl gesunken. Der durchschnittliche Verlust betrug diesmal 4,78 Pips. Da der Verlust nach wie vor größer ist als der Gewinn ist natürlich die Payoff-Ratio immer noch schwach. Diese ist zwar etwas besser als die Woche davor, liegt aber mit 0,76 immer noch unter 1. Ihre Strategie hat somit nach wie vor eine geringe Profitabilität. Die Wahrscheinlichkeit pleite zu gehen ist noch immer sehr real. Allerdings ist die Expectancy deutlich besser geworden. Diesmal konnte sie 0,43 Pips pro Trade erwarten. Das ist zwar immer noch nicht besonders viel, aber immerhin besser als 0,2. In Euros ausgedrückt realisierte sie einen Wochenverlust von 7,25 Euro. Die Kommissionen schlugen mit 106,36 Euro zu Buche. Das ergab einen Gesamtverlust von 113,61 Euro.

Bild 5: Jennys Trades, Woche 3

								total
Monday	-4,9	4,9	-5,9	-7,5	6,5	5,5	-6,2	-29,1
	-2,4	6	5,1	**-8,4**	4,9	-5,3	-5,1	
	5,2	-5,8	-10	**-11,2**	-10,2	7,3	8,4	
Tuesday	-2,4	-5,4	3,4	5,8	5,7	-0,7	3,3	49,5
	4,1	10,2	5,4	12,5	3,3	4,3		
Wedn.	5,8	4,9	3,5	4,9	4	-4	7,1	26,2
Thursd.	6,9	2,6	2,1	11,4	7,3	2,3	2,8	72,6
	9,5	1,3	4	2,5	3,7	1,9	1,9	
	-3	-1,7	4,5	-4,9	6	1,3	3,2	
	1,7	4	1,3					
Friday	2	2,1	2,5	4,5	12,5	2,6	3,5	32,2
	2,5							
week 3								151,4

Jenny war in der dritten Woche sehr aktiv. Vor allem am Donnerstag, da machte sie 24 Trades. Auffällig sind die vielen Gewinner und wenigen Verlierer. Der -11,2-Trade am Montag war wieder eine Folge des Slippage.

Das Endergebnis mit 151,4 Pips darf sich natürlich sehen lassen. Allerdings fällt nach wie vor auf, dass die allermeisten Gewinner klein bleiben. Sie sagte bei der Besprechung, dass sie vor allem Verlusttrades vermeiden möchte. Anders gesagt: Sie spielt „um nicht zu verlieren", anstatt zu spielen um zu gewinnen. Wenn es eine gute Woche ist wie diese kann ein gutes Ergebnis dabei herauskommen. In schlechten Wochen mit geringeren Trefferquoten vermag die Summe der Gewinner die Summe der Verlierer nicht zu übersteigen. Dann ist das Wochen-Ergebnis negativ.

Bild 6: Jennys Statistiken, Woche 3

trading statistics	week 3
total trades	73
win	54
loss	19
break-even	0
average win	5,1
average loss	3,39
hitrate	73,24%
payoff-ratio	1,5
expectancy	3,27

Und ja, auf dem ersten Blick sehen die Zahlen wirklich sehr gut aus. Zum ersten Mal liegt der durchschnittliche Gewinn deutlich über dem durchschnittlichen Verlust. Die Payoff-Ratio liegt von daher deutlich über 1. Aber dieses gute Ergebnis erreichte sie vor allem dank der hohen Trefferquote von 73,24%. Hier erkennen wir ein klares Muster. Jenny ist ein Mensch, der vor allem nicht verlieren möchte. Ihr ist nach wie vor ein Mini-Gewinn von einem oder zwei Pips lieber als im Schnitt hohe Gewinne zu erzielen mit dem Risiko auch etwas mehr Verlierer zu haben.

Ich wies sie jede Woche darauf hin, dass sie Ihr Netto-Ergebnis vor allem mit der Trefferquote versuchte zu erzielen. Dieses Problem haben die meisten Anfänger. Sie denken: hohe Trefferquote = hoher Gewinn. Dass dieses Verhalten auf Dauer nicht das gewünschte Resultat erbringt, war ihr nach der dritten Woche womöglich noch nicht klar. Diese Kritik meinerseits klingt vielleicht etwas hart, wenn man bedenkt, dass sie sehr diszipliniert arbeitete seit zwei Wochen und auch mit 151 Pips ein sehr gutes Ergebnis erzielte. Ich wusste allerdings aus eigener Erfahrung, dass, wenn ein Trader ein bestimmtes Verhaltens-Muster nicht überwinden kann, dies früher oder später zu sehr negativen Ergebnissen führt.

Außerdem erzeugt man mit vielen Mini-Gewinnen von einem oder zwei Pips vor allem viele Kommissionen. Natürlich macht man auf dieser Weise seinen Broker reich und glücklich. In Euro ausgedrückt konnte Jenny in der dritten Woche 153,55 Euro verdienen. Ihre Kommissionen schlugen mit 113,77 Euro zu Buche. Netto war das Wochenergebnis somit 39,78 Euro. Dies scheint etwas wenig, wenn man bedenkt, dass sie immerhin 151 Pips erwirtschaftete. Dies kam dadurch zustande, dass sie am Montag mit einer Positionsgröße von 30.000 $ gescalpt hatte. Leider war Montag ihr einziger Verlusttag. Ab Dienstag scalpte sie dann nur noch mit 10.000 $.

Woche 4

Bild 7: Jennys Trades, Woche 4

								Total
Monday	5,6	7,3						12,9
Tuesday	-1,8							-1,8
Wedn.	3,6	3	-8,4	0,9	-6,2	9,2	1,3	33,15
	-9,7	6,6	5,25	1,8	6,7	8,2	-5,4	
	6,3	-4,8	6,3	4,9	3,6			
Thursd.	3,2	-10	8,3	4,5	3,5	-11	-11,3	-30,1
	2,7	3	-12,5	6,3	**16,3**	3,6	0,8	
	-9,7	-10,6	**-11,7**	6,3	-6,4	-7,7	-4,2	
	3,8	-7,8	-7,7	4,4	3,2	2,7	4,9	
	3,9	8	3,2	3	-14,5	2,7	-3,3	
Friday	-9	-9	-8	1,8	2,66	3,3	5,8	22,66
	3,7	**11**	5	3,8	3	2,4	3,3	
	-5,7	8,6						
week 4								36,81

In ihrer vierten Woche machte Jenny wieder 73 Trades. Allerdings ließ sie es am Montag und Dienstag gemächlich angehen, um dann am Mittwoch und Donnerstag Gas zu geben.

Von Montag bis Donnerstag scalpte sie mit 10.000 $ und nach dem Verlust am Donnerstag am Freitag nur noch mit einer Mini-Position von 5000 $. Dies wog natürlich auf das Netto-Endergebnis.

Ich würde diese vierte Woche als eine typische Konsolidierungswoche bezeichnen. Jede Trading-Aktivität braucht solche Wochen. In diesen wird weiter geübt, vielleicht ohne herausragende Ergebnisse, aber die notwendigen Fähigkeiten werden weiter trainiert. Das ist auch deshalb wichtig, weil der Scalper erst nach mehreren hunderten Trades allmählich Vertrauen in das eigene Können entwickelt. Das konsequente Führen eines Trading-Journals unterstützt dieses Vertrauen und stabilisiert die Ergebnisse.

Bild 8: Jennys Statistiken, Woche 4

trading statistics	week 4
total trades	73
win	49
loss	24
break-even	0
average win	4,1
average loss	5,16
hitrate	67,12%
payoff-ratio	0,79
expectancy	0,55

Der Blick auf Jennys Statistik für die vierte Woche bestätigte allerdings meine Kritik der Woche davor. Obwohl die Trefferquote nahezu identisch war (leicht schwächer) sieht es bei der Payoff-Ratio wieder nicht so gut aus. Auch die Erwartung liegt mit 0,55 wieder deutlich unter einem Pip. Jenny kann machen, was sie will. Wenn sie es nicht dauerhaft schafft, ihr Verhaltensmuster zu überwinden, wird sie es schwer haben, dauerhaft profitabel zu sein. Gute Wochen wie die dritte Woche sind dann eher Zufallsergebnisse aber nicht das Resultat eigenen Könnens. Dies bezeugen die Zahlen eindeutig.

Mit den ersten 4 Wochen war auch der erste Monat vorbei und wir konnten eine erste Bilanz ziehen. Trotz meiner Einwände lobte ich Jenny. Nicht nur weil sie als Anfängerin bereits ganz gut scalpen konnte. Dieser Stil lag ihr offensichtlich. Sie hatte schnell gelernt, dass es wichtig war, ihre Verluste zu begrenzen. Zu dem Zeitpunkt stand der fixe Stopp bei all ihren Trades bei 9 Pips. Dies schien mir nach wie vor etwas hoch, aber bei der Besprechung verteidigte sie diese Entscheidung auf Grund der Volatilität im EUR/USD. Es gab immer wieder Kerzen im 1-Minuten-Chart, die deutlich mehr als 9 Pips Volatilität aufwiesen, sagte sie. Ich wusste, dass dies in Zukunft noch ein Diskussionspunkt werden würde, ließ sie aber zunächst mit diesem Stopp weiterscalpen.

Sie hatte in ihrem ersten Monat 234 Scalp-Trades gemacht und immerhin 205,7 Pips erwirtschaftet. Dies ist für eine Anfängerin wirklich beachtlich. Die Kommissionen schlugen natürlich immer noch ordentlich zu Buche. Das Netto-Ergebnis hielt sich mit -137,58 Euro in Grenzen. Ich fand dies trotzdem sehr gut. Denn es zeigte, dass sie von der Profitabilität nicht weit entfernt war. Ein leicht besseres Ergebnis bei einigen wichtigen Kennzahlen wie der Payoff-Ratio würde Geld auf ihr Konto spülen. Vergessen wir auch nicht, dass sie in der Anfangsphase immer noch mit sehr kleinen Positionen scalpte. Bei einem Stopp von 9 Pips und einer Position von 10.000 $ bedeutete dies, dass sie lediglich 9 $ pro Trade riskierte. Dies war nur ein Bruchteil ihres verfügbaren Kapitals. Aber es ging zunächst darum, das Spiel zu lernen und zu beherrschen. Größere Positionsgrößen waren ein Thema für später.

Woche 5

Bild 9: Jennys Trades, Woche 5

								total
Monday	-3,5	2,8						-0,7
Tuesday	2,8	8,2						11
Wedn.	-4,6	-9,4	-9,4	-4,3	3,5	1	3,1	38,5
	7,4	9,6	**19,2**	0,7	2,4	4,3	7,2	
	4	3,3	6,4	3,7	9,7	-20,5	1,2	
Thursd.	4,7	-1,6	2	2,4	-6,4	-7,3	-9,9	**-141**
	3,2	7,7	7,4	-4,1	2,8	4	-1,7	
	-41	-21	-37	-32	-17	-13	-16	
	-9	-9	5	12	3,5	8	-4,5	
	10	18	1	-1	4	-5		
Friday	4,6	10	9	2	5	-10	5,5	-9,4
	1,5	-21,5	5	-13	4	-9	4	
	9	11	2,6	-9	8	7	-19	
	-8	7	13	-18	-9	-11	3	
	-11	-10	-12	5	-9	-8	5	
	-10	-9	-8	5	7	11	11	
	6	6	-3	-3	10	1,5	8	
	-1,6	6	2	-3	-3	-9	4	
	1,5	-9	1,5	-10	-6	-5	-6	
	9	2	-3	6	17	-6	6	
	-6	1	6	1	5	5	6	
	4	4	3	1,5	-13	3,5		
week 5								-101

Jennys fünfte Woche zeigte etwas, was viele auch disziplinierte Trader erleben müssen: einen Rückfall in alte, schlechte Gewohnheiten. Das menschliche Hirn ist ein wunderliches Ding. Obwohl der Beobachter den Eindruck gewinnen konnte, dass Jenny in den letzten Wochen diszipliniert ihre eigene Vorgaben umsetzte, geschah in dieser Woche etwas, was eigentlich gar nicht mehr sein durfte. Und es tat richtig weh. Am Montag und Dienstag hatte Jenny fast nicht gescalpt. Mittwoch wurde sie dann etwas aktiver. Es versprach auch ein sehr guter Tag zu werden, denn gegen Ende ihrer Trading-Zeit lag sie fast 60 Pips vorne! Und dann passierte es (Pfeil). War es, weil sie gerade sehr gut gescalpt hatte und nun übermutig wurde? Oder hatte sie einfach einen Blackout? Jedenfalls erscheint plötzlich ein Verlust von 20,5 Pips. Also 11 Pips mehr als erlaubt. Sie hatte dann noch die Geistesgegenwart bald mit dem Scalpen aufzuhören. Immerhin blieben ihr noch 38,5 Pips Gewinn für den Tag. Also abgesehen von diesem einen Ausrutscher, schien alles im grünen Bereich.

Der Donnerstag begann ohne bemerkenswerte Ergebnisse. Nach 14 Trades hatte sie 3,2 Pips Gewinn. Im Grunde ist dies nichts, worüber man sich groß Sorgen machen müsste. War es vielleicht aus Ungeduld, aus Frust oder wirkte der negative Einfluss des gestrigen Ausrutschers noch nach? Jedenfalls schaffte Jenny es in den nächsten 7 Trades 177 Pips Verlust zu machen. Ein wahres Kunststückchen! Der größte Verlust war gleich der erste mit 41 Pips. Vermutlich hat sie dann in einer Art Verzweiflungsakt versucht, diesen Verlust wieder wett zu machen. Aber diese 13 Trades brachten kaum etwas ein. Woher auch? Die Disziplin war dahin und der Respekt vor der seit Wochen aufgebauten Arbeit in kürzester Zeit zerstört. Wie konnte das passieren?

Es ist ein Phänomen, das ich sehr gut bei mir selber kenne, und ich weiß, dass viele Kollegen es haben durchmachen müssen. Man handelt entgegen der eigenen Vernunft und zerstört die eigene Arbeit. Wenn Jenny ihre Stopps konsequent bei 9 Pips gelassen hätte, wäre nur ein Verlust von 63 Pips entstanden. Wie wir sehen hatte sie 10

Verluste nacheinander. Das gehört statistisch durchaus zu den Möglichkeiten. Mein eigener Rekord war 15!

Hätte sie ihr System konsequent gehandelt, dann könnte man eben von einem schlechten Tag reden. Aber auf diese Weise zertrümmert man nicht nur sein Wochen-Ergebnis. Viel schlimmer noch ist die Tatsache, dass ein solches Verhalten das Vertrauen eines Traders für lange Zeit untergraben kann. Und diese Folge ist natürlich viel gravierender. Hätte sie diesen Drawdown tapfer und diszipliniert durchgestanden, wäre vielleicht ein Tagesergebnis von 70 Pips minus entstanden. Mit dem Gewinn der Vortage stünde sie am Donnerstag mit -20 Pips da. Wer weiß, mit etwas Glück am Freitag hätte die Woche noch positiv enden können. Leider hat sie am Freitag versucht, diese Negativserie durch Overtrading zu kompensieren. Sie machte 83 Trades, die ihr aber nichts nutzten. Sie produzierte lediglich Gebühren. Es ist auch interessant zu sehen, wie ein scheinbar harmloser Ausrutscher am Mittwoch (Pfeil) eine völlig negative Spirale in Gang setzte. Im Grunde genommen kann man da nur hoffen, dass es bald Freitag ist und dass das Wochenende dazu genutzt wird, wieder zu Besinnung zu kommen.

Bild 10: Jennys Statistiken, Woche 5

trading statistics	week 5
total trades	142
win	84
loss	58
break-even	0
average win	5,2
average loss	6,91
hitrate	66,00%
payoff-ratio	0,75
expectancy	1,08

Schauen wir Jennys Statistiken an, sehen wir, dass es überhaupt keinen Grund für Aufregung gab. Ihre Trefferquote liegt stabil zwischen 60 und 70%. Lediglich ihr durchschnittlicher Verlust hat unter dem Negativtag sehr gelitten. Alles wäre im Rahmen geblieben, hätte sie ihre Stopps nicht geändert. Zwar sind die Gewinne immer noch zu klein, sie spielt gleichsam immer noch, „um nicht zu verlieren" statt um zu gewinnen, aber der Schaden wäre begrenzt geblieben. Unnötig zu erwähnen, dass in Euros gerechnet die Woche natürlich schlecht war. Zu den 132,01 Euro Verlust kamen noch hohe Kommissionen von 194,35 Euro hinzu. Insgesamt ein Negativsaldo von 326,36 Euro.

Woche 6

Bild 11: Jennys Trades, Woche 6

								Total
Monday	2,5	-5,2	-9,3	3,1	1,1			-7,8
Tuesday	2,4	1,8	6	-2,4	4,8	-3,9	1,3	8,9
	-1,1							
Wedn.	-8,5	-10,5	2,8	4,5	-2,6	-4,9	-1,5	9,6
	10,3	-6,5	-8,9	-5,3	4,8	6,4	5,7	
	3,5	2,6	7,1	1,7	4,7	-5,2	-8,6	
	3,2	-7,3	5,1	9,2	1,6	4,2	2	
Thursd.	-3	-8,5	4,5	4,2	1,6	-3,2	5,9	-6,7
	-20,7	3,7	3,8	2,6	2	-8,7	3,1	
	3,8	-7,9	4,6	-5,4	3,6	3,5	-7,6	
	-8,2	-7,1	-7,2	3,8	3,9	-4,3	-7,4	
	4,7	16	-3,7	8,7	-2,7	4,5	3,6	
	4,2	2,6						
Friday	5,7	2,5	5,3	2,3	-3,4	3,5	-7,5	20,3
	1,6	5,5	1,1					
	3,7							
week 6								24,3

Nach ihrer schlechten Vorwoche war es natürlich spannend zu sehen, wie Jenny mit diesem Rückfall zurechtkommen würde.

Wenn man die Ergebnisse der sechsten Woche anschaut, sieht man, dass sie tatsächlich ein „back to business" schaffte. Die Zahlen waren wieder einigermaßen normal, abgesehen von einem Ausrutscher am Donnerstag (-20,7 in rot). Aber dieser kam dadurch zustande, dass sie vergessen hatte, den Stop-Loss zu setzen. Auch das passiert natürlich in einem Trader-Leben. Nach wie vor sind die Gewinne zu klein, aber zumindest steht die Defensive wieder.

Bild 12: Jennys Statistiken, Woche 6

trading statistics	week 6
total trades	89
win	56
loss	33
break-even	0
average win	3,41
average loss	5,1
hitrate	62,92%
payoff-ratio	0,66
expectancy	0,21

Die Statistik zeigt mit welcher Konsistenz Jenny ihre Trades durchführt und dabei eine Trefferquote zwischen 60 und 70 % erzielt. Mit dem durchschnittlichen Verlust von 5,1 kann ich sehr gut leben, zumal sie in dieser Woche anfing, mit einem Stop-Loss von 8 Pips zu arbeiten. Ich fand 8 Pips immer noch recht viel für einen Scalper, aber das war ihre Entscheidung. Da die Gewinne deutlich unter den Verlusten liegen, ist die Payoff-Ratio für diese Woche schwach, genauso wie die Expectancy. Sie hatte am Donnerstag einen Gewinner von 16 Pips. Und ich fragte sie natürlich, wie dieser zustande gekommen war und ob es nicht möglich war, mehr solche Gewinner zu erzielen. Dies würde ihre Payoff-Ratio deutlich verbessern.

Sie machte in dieser Woche immerhin 24 Pips, was einem Gewinn von 76,29 Euro entsprach. Ihre Trades verursachten 166,38 Euro Kommissionen. Die Woche schloss sie also ab mit einem Verlust von 90,09 Euro.

Woche 7

Bild 13: Jennys Trades, Woche 7

								Total
Monday	-6	-6,4	11,3	-6,2	-5,7	-6,3	-7,1	⬇ -17,8
	1,9	6,7						
Tuesday	-3,6	6,9	-3,2	3,8	1,8	1,9	-3,9	⬆ 13,6
	-3,6	2,1	1,5	3,9	1,8	4,2		
Wedn.	-6,4	-3,1	-11,8	8,3	4,8	-4,3	-6	⬆ 19,1
	-1,7	-3,7	13,4	4,2	3,7	2,5	1,9	
	-6,3	4,2	7,7	4,6	-6,2	10,6	-6,4	
	5,5	3,6						
Thursd.	-3,6	-6,1	-4,6	-3,9	-4,6	-6,2	5,7	⬇ -14
	4,1	2,3	-6,7	3,7	-6,7	3,4	-6,2	
	-6,7	-7,4	-6	-6,1	-7,5	-5,6	-7,5	
	12,6	4,5	-6,3	13,3	2,5	8	15,7	
	15,4	-2,4	-4	2,5	7,4	14	-6,6	
	-6,6	2	-6,9	-6,1	4,6	4,6	-6	
	3,9							
Friday	6,6	-6,2	3,1	1,8	-6,1	-6,4	-2,7	⬆ 12,1
	8,3	6,9	6,8					
week 7								⬆ 13

In der siebten Woche machte sie 97 Trades. Wie immer, die meisten am Mittwoch und

Donnerstag. Ich zählte 6 Trades über 10 Pips. Es gelang ihr also, etwas größere Gewinne zu realisieren. Jeder Trader hat seine eigenen Schwierigkeiten. Ihre war, dass sie Angst hatte zu verlieren und dadurch ihre Positionen bei dem geringsten Gewinn sofort schloss. Ich wusste, dass sie eine profitable Traderin werden würde, wenn es ihr gelingen würde, dieses Problem zu lösen.

Bild 14: Jennys Statistiken, Woche 7

trading statistics	week 7
total trades	97
win	50
loss	48
break-even	0
average win	5,59
average loss	5,28
hitrate	51,02%
payoff-ratio	1,05
expectancy	0,2

Diese positive Tendenz schlug sich auch in ihren Kennzahlen nieder. Wir sehen, dass der durchschnittliche Gewinn (5,59) leicht über dem durchschnittlichen Verlust (5,28) lag. Bei dem Bemühen größere Gewinne zu erzielen, sank wie zu erwarten die Trefferquote und zwar auf 51,02 %. Das fand ich logisch. Die niedrige Trefferquote muss nicht unbedingt bleiben, aber wer viel Energie investiert, um eine neue Sache zu lernen, muss zunächst an einer anderen Stelle Einbußen akzeptieren. Das erklärt auch die nach wie vor schwache Expectancy. Dafür lag die Payoff-Ratio endlich über 1.

Sie machte in dieser Woche 13 Pips, was einen Gewinn von 46,00 Euro bedeutete (Ihre Positionsgrößen lagen zwischen 15.000 und 30.000 $). Nach Kommissionen (220 Euro) war ein Verlust von 174,00 Euro zu verbuchen.

Woche 8

Bild 15: Jennys Trades, Woche 8

								total
Monday	-2,2	7,4	-1,2	-3,3	-6	-3,5		-3,1
	7,2	-1,5						
Tuesday	1,9	4,4	1,7	-1,4	-6,5	2,6	1,9	-1,3
	-1,8	1,3	-3,6	-1,8				
Wedn.	3,5	-3,1	-1,3	-2,9	-3,3	-2,3	-4,4	-38,55
	-6,3	-7,25	-6	3,5	-1,7			
Thursd.	-4,5	-4,1	-3	7	3,9	4,2	-0,5	35,2
	7,8	2,4	-2,9	2,3	-2,8	-4,9	6,5	
	-3,5	1,7	2	3,2	2,5	6,4	5,2	
	2,1	3,4	2,2	-5,2	1,5	2,3		
Friday	-6,9	-6,1	11,6	2,5	-2,4	1,8	-6,8	-18,2
	-3,7	-8,2						
week 8								-25,95

In ihrer achten Woche machte Jenny 64 Trades. Am Ende der Woche ergab dies einen Verlust von knapp 26 Pips, der wieder auf die Tatsache zurückzuführen war, dass sie kaum größere Gewinne hatte. Die Tendenz der vergangenen Woche hatte sich also nicht durchgesetzt. Dennoch war etwas Positives zu vermerken. Jenny arbeitete ab dieser Woche mit einem Stopp von lediglich 6 Pips. Dies deutete ich als einen Fortschritt und lobte sie dafür. Schauen wir, was dies für ihre Statistik bedeutete.

Bild 16: Jennys Statistiken, Woche 8

trading statistics	week 8
total trades	64
win	30
loss	34
break-even	0
average win	4,42
average loss	3,68
hitrate	47,00%
payoff-ratio	1,2
expectancy	0,12

Ihre Zahlen zeigten dies eindeutig. Ihr durchschnittlicher Gewinn lag über dem durchschnittlichen Verlust. Die Payoff-Ratio blieb über 1. Lediglich die Erwartung war schwach, aber das hatte natürlich mit der schwachen Trefferquote und mit den immer noch kleinen Gewinnen zu tun.

Woche 9

Bild 17: Jenny Trades, Woche 9

								Total
Monday	-5,9	1,3	1,8	1,1	-6,7	-3,5	-7,1	⬆ 3,3
	4,5	1,5	2	6,2	3,9	1,7	2,5	
Tuesday	1,5	-6,3	-7,1	2,5	-2,5	-6,8	3,4	⬇ -33,2
	-0,2	-3,6	2,5	-2,3	-4,5	-4,3	-5,5	
Wedn.	-6,6	2,2	-2,2	5,3	1	-0,1	-6,1	⬆ 17,7
	2,8	2,9	2,1	3	2,8	1,7	1,6	
	1,2	1,5	1,9	3,9	1,3	-3,4	0,9	
Thursd.	3,2	3,1	-2,6	3,3	3,6	-5	-5	⬄ -15,8
	3,8	-5	5,4	5,5	4	3,9	-5,2	
	-5,1	-5,3	5,9	0,8	-4,1	0,9	2,1	
	2,9	-2,4	-6,4	-2,4	-5,4	4,5	6	
	-4,4	3,9	2	-3	8,4	6,9	-7,3	
	1,2	1,1	2,6	-2,5	1,3	4,3	5,7	
	-5,4	-5,2	-5,3	8,9	-5,2	4,2	4	
	-0,2	-6,5	-4,4	8,1	-5,2	-6	-5,4	
	-7,6	-6,1	2,5	-6,8	7,9	1,6	-5,2	
	-6,7	4,8	3,5	-5,9	1,1	-3	2,5	
Friday	2,5	3,6	-5,5	-2,7	-5,2	3,5	1,3	⬆ 1,3
	-5,1	7,4	-5,1	2,5	5,3	-8,4	7,2	
week 9								⬇ -26,7

Jenny war offenbar in ihrer neunten Woche sehr motiviert und machte 133 Trades. Vor allem am Donnerstag war sie sehr aktiv, allerdings ohne Erfolg. Trotz der vielen Trades machte sie einen Verlust von 26 Pips. Es gehört natürlich auch zu der Lernkurve eines Traders, einzusehen, wann es nicht läuft. Gegen 60 Trades am Tag ist erst mal nichts einzuwenden, solange diese Trades Gewinne bringen. Dies war am Donnerstag eindeutig nicht der Fall. „Hart arbeiten" zur Unzeit bringt im Trading also nichts. Und dies schlägt sich am Ende im Endergebnis nieder. Sie teilte mir aber mit, dass sie ab Mittwoch nur noch mit einem Stopp von 5 Pips gearbeitet hatte. „Jenny begins to see the light", dachte ich. Wenn es auch noch nicht mit dem Gewinn klappt, zumindest baut sie an einer starken Defensive. Es ist im Grunde der erste wichtige Baustein eines Scalping-Business: Sorge dafür, dass du so wenig wie möglich verlierst, wenn du verlierst.

Bild 18: Jennys Statistiken, Woche 9

trading statistics	week 9
total trades	133
win	75
loss	58
break-even	0
average win	3,09
average loss	4,79
hitrate	56,00%
payoff-ratio	0,38
expectancy	-0.37

Wie wir sehen können, schlägt sich ihr Bemühen noch nicht in gute Zahlen nieder. Die Erwartung war sogar negativ in dieser Woche. Dies ist ein Punkt, an dem so mancher aufgibt. Sie war dann bei der Besprechung am Freitag recht geknickt und ich musste mich richtig bemühen, sie davon zu überzeugen, weiter zu machen. Jeder Trader hat solche Augenblicke und es ist keine Selbstverständlichkeit, dass man trotzdem weitermacht, wenn von den eigenen Bemühungen noch nichts sichtbar wird.

Woche 10

Bild 19: Jennys Trades, Woche 10

								Total
Monday	-2,7	-5,6	4,4	-5,1	-5,1	-5	-5,3	
	-5,4	7,7	11,1					
	-2	2						-11
Tuesday	-5,4	1	10,9					
	-5,4	1,7	1,1	5,1				9
Wedn.	-5,5	-5,1	13,6	8,7	-5,5	-5,4	4,1	
	-5,2	-4,2	-5,2	12,1	-5,9	7,1	3,3	
	3,4	1,3	-6,5	-5,2	-4,6	-7,4	9,1	
	6,3	-5	-5,5	4,3				-7
Thursd.	1,5	6,4	-2,3	5,2	-5,9	5,6	1,5	
	-5,2	12,6	9,3	5,7	-4,4	-5,6	-10,5	
	-5,4	10,6	-5,5	-6,3	-6,9	-5,8	16,1	25
	3,8	-4,8	3,7	6,2	5,3	0,5		
Friday	4,1	2,6						6
week 10								22

In der zehnten Woche geschah etwas, worauf ich lange gehofft hatte. Plötzlich wurden die

Gewinner größer. Jenny realisierte mehrere Gewinner über 10 Pips und zwar an 4 von 5 Tagen! Ihr Stopp stand immer noch auf 5 Pips, aber die Zahlen zeigten ganz klar, dass sich etwas veränderte. Sie begann länger bei ihren Gewinnern zu bleiben und diese nicht sofort zu schließen, sobald diese 1 oder 2 Pips Gewinn aufwiesen. Natürlich lobte ich sie für diesen Erfolg, was sie auch sichtlich genoss. Es hatte in den Wochen davor überhaupt nicht danach ausgesehen, dass dies noch möglich werden würde, aber sie hatte es tatsächlich geschafft! Zwar war der Wochengewinn mit 22 Pips noch bescheiden, aber ich war mir sicher, dass wir auch bald Gewinner von 20 Pips und mehr sehen würden. Diese machen dann natürlich den Unterschied, vorausgesetzt, sie würde weiterhin diszipliniert ihre Verlierer beschränken.

Bild 20: Jennys Statistiken, Woche 10

trading statistics	week 10
total trades	73
win	37
loss	36
break-even	0
average win	4,69
average loss	4,02
hitrate	50,68%
payoff-ratio	1,16
expectancy	0,33

Jenny machte 73 Trades in dieser Woche. Der durchschnittliche Gewinn lag wieder über dem durchschnittlichen Verlust, was ihre Payoff-Ratio deutlich verbesserte. Nur die Erwartung blieb noch etwas mager, aber ich war mir sicher, dass sich auch das bald ändern würde.

Wie kam diese plötzliche Verbesserung nun zustande? Letztlich war es eine kleine Maßnahme, zu der ich ihr die Woche davor geraten hatte. Sie hatte mir mitgeteilt, dass sie den Stopp relativ bald auf breakeven setzte sobald sie einige Pips im Gewinn war. Ich wusste dies vor der neunten Woche nicht und bat sie, dies zu unterlassen ab der zehnten Woche. Das Ergebnis dieser Maßnahme schlug sich sofort in besseren Zahlen nieder. So etwas geschieht öfter in einer Lernkurve. Im Prinzip verstehen die Trader relativ schnell, worauf es ankommt. Man muss nun wahrlich kein Mathematik-Genie sein, um den Zusammenhang zwischen diesen einfachen, statistischen Kennzahlen zu begreifen. Und dennoch kommt es manchmal auf kleine Veränderungen im Trading-Verhalten an, die dann schließlich den Unterschied zwischen Gewinn und Verlust ausmachen. Ich hatte daher nach dieser zehnten Woche das Gefühl, dass ihr ein Durchbruch gelungen war, zumal die Änderung ihr Grundmuster betraf: nämlich immer auf Sicherheit zu spielen. Jenny hatte angefangen, zu spielen, um zu gewinnen.

Woche 11

Bild 21: Jennys Trades, Woche 11

									Total
Monday	-5	8,5	-2	-5,2	2,1	3,6	-5		
	2,2	-5,2							-6
Tuesday	-5	2,7	2,3	-1,1	-0,4	-0	8,5		
	1,9	-5,3	2,1	5,6	-5,6	2,7			8
Wedn.	8,1	-4,3	3,6	1,9					9
Thursd.	2,7	4,5	24,5	3,9	10,2	1,7	-5,6		
	4,2	-5,1	-4,9	-5	10,3	-5			36
Friday	5,5	-5	-5,7	-6	-4,7	-5	7,1		
	-5,1	3,8	3,6						-11
week 11									36

Jenny machte in der elften Woche 49 Trades. Und, große Überraschung! Am Donnerstag war es dann endlich soweit: ein Scalptrade mit einem Gewinn von 24,5 Pips! Wir hatten oft darüber gesprochen, dass, wenn es ihr gelänge, ab und zu einen größeren Gewinn zu erzielen, genau diese den Unterschied machen würden. Dieser eine Gewinn war verantwortlich für 68 % ihres Wochengewinns. Es muss nicht immer so sein, dass große Gewinner ein solches Gewicht haben. Man kann sicher mit Gewinnen von 10 oder 12 Pips genauso gute Resultate erzielen. Dennoch bin ich der Meinung, dass ein gelegentlicher „Jackpot" die Ergebnisse erheblich steigert. Ganz zu schweigen vom gewonnenen Selbstvertrauen durch solche Trades.

Hinzu kam ihre Einsicht, dass es oft reicht nur 2 Stunden täglich zu scalpen. Zu oft hatte sie erlebt, dass mehr Stunden nicht unbedingt mehr Gewinn bedeuten, aber ganz gewiss mehr Kommissionen für den Broker.Ausnahmen gibt es immer, vor allem, wenn der Scalper das Gefühl hat, dass der Markt sehr gut ist, und dass noch viel mehr drin ist. In diesem Fall empfehle ich sogar, die Positionsgröße zu erhöhen wohingegen ich an schwachen Tagen die Positionsgröße verringere oder das Scalping einfach frühzeitig beende. Die Steuerung der Positionsgröße ist ein sehr wichtiger Parameter, der in diesem dritten Teil der Reihe „Scalpen macht Spaß!" nicht zur Sprache kommt, weil es das Zahlenwerk und dessen Auswertung unnötig verkomplizieren würde.

Bild 22: Jennys Statistiken, Woche 11

trading statistics	week 11
total trades	49
win	26
loss	23
break-even	0
average win	5,23
average loss	3,41
hitrate	53,06%
payoff-ratio	1,53
expectancy	1,17

Schauen wir Jennys Statistiken für die elfte Woche an, stellen wir fest, dass sich die gute Tendenz der Woche davor bestätigt. Jetzt werden die Kennzahlen wirklich interessant. Der durchschnittliche Gewinn von 5,23 liegt deutlich über dem durchschnittlichen Verlust von 3,41. Die Payoff-Ratio ist mit 1,53 mittlerweile sehr gut. Zudem darf sie nun immerhin 1,17 Pip pro Trade erwarten, was für einen Scalper bereits eine gute Zahl ist.

Die Trefferquote hat ein wenig gelitten, aber ich war zuversichtlich, dass sie mit zunehmender Erfahrung wieder steigen würde. Jenny machte in dieser Woche 54,77 Euro Gewinn. Die Summe ihrer Kommissionen lag bei 76,32 Euro. Das Netto-Wochenergebnis lag also bei -21,54 Euro. Mit anderen Worten: Jenny war nah dran, die Profitabilitätsschwelle zu überschreiten. Vergessen wir nicht, dass sie immer noch mit sehr kleinen Lotgrößen scalpte. Aber sie war so vernünftig, die Lotgröße nicht zu erhöhen, solange sie nicht profitabel scalpte nach Gebühren.

Woche 12

Bild 23: Jennys Trades, Woche 12

							Total
Monday	5	4,1	6,4	-5	1,8	4	23
	7						
Tuesday	-5,1	3	-5	-5	-5,8		
	-5,7	-5,1	2,5	-5,1	6,9	8,7	
	2,5	-1,3	2,9	3,2	-5		-13
Wedn.	-5,1	4,2	-5	5,5	3,7	-3,2	0
Thursd.	4	6,6	-5,1	-4,2	7,9	1,8	
	16,1	5,2	5,5				32
Friday	5,5	4					9
week 12							51

In der zwölften Woche sehen wir eine weitere Bestätigung, dass Jenny auf dem besten Weg ist, eine gute Scalperin zu werden. Ihre Ergebnisse sind jetzt die dritte

60

Woche in Folge stabil. Sie handelt diszipliniert und begrenzt ihre Verluste konsequent auf 5 Pips. Gelegentlich schafft sie auch einen größeren Gewinner, der ihr Wochenresultat steigert.

Bild 24: Jennys Statistiken, Woche 12

trading statistics	week 12
total trades	39
win	24
loss	15
break-even	0
average win	4,39
average loss	2,37
hitrate	61,00%
payoff-ratio	1,85
expectancy	1,78

Die statistischen Kennzahlen bestätigten meinen positiven Eindruck. Der durchschnittliche Gewinn ist nun fast doppelt so hoch wie der durchschnittliche Verlust. Durch einen Zeitstopp, den wir die Woche davor noch eingeführt hatten, konnte sie ihre Verluste weiter verkleinern, was natürlich der Payoff- Ratio zu Gute kam. Und auch die Erwartung nähert sich jetzt fast 2 Pips, was für einen Scalper ausgezeichnet ist. Jenny verdiente in dieser Woche nach Gebühren 29,80 Euro. Dies mag nicht viel scheinen, aber sie war damit endlich in der Profitabilität angelangt. Und diese Profitabilität steht nicht auf schwachen Beinen, wie dies in der dritten Woche noch der Fall war, als sie es mithilfe der Trefferquote versuchte. Sie verdient jetzt Geld, weil sie ihre Verlierer möglichst klein hält und die Gewinner maximiert.

3. Und wie geht es mit Jenny weiter?

Die Ergebnisse der ersten 1000 Trades, die Jenny durchgeführt hat, kennen Sie jetzt. Diese Zahlen sind mehr als ein Jahr alt. Jenny ist mittlerweile eine profitable Scalperin, die mit mehreren Standard-Lots im Forex-Markt scalpt und bestens leben kann von ihrem Scalping-Business. Ihre Payoff-Ratio hat sich im Bereich 1,50 bis 1,90 eingependelt und ihre Trefferquote liegt nach wie vor zwischen 55 und 60 %. Natürlich zahlt sie jetzt auch noch mehr Gebühren, aber sie hat sich mit ihrem Broker auf Grund ihres hohen Volumens bessere Konditionen ausgehandelt. Ich hatte ihr dazu geraten.

Nichts ist in Stein gemeißelt und alles ist verhandelbar in dieser Welt. Wer ein sehr guter Kunde ist, wie es alle Scalper sind, kann selbstbewusst auftreten und über

Konditionen verhandeln. Das ist natürlich gerade dann wichtig, wenn ihre Gebühren mitunter in die Tausenden gehen, wie das bei sehr aktiven Scalpern der Fall ist. Dennoch sollten Sie auch hier die Höhe der Gebühren mit der Qualität des Brokers abwägen. Ihnen nützen günstige Konditionen gar nichts, wenn sie dafür schlechtere Spreads bekommen oder wenn der Slippage überhandnimmt. Sprechen Sie also mit Ihrem Broker. Es lohnt sich meistens.

4. Scalping is a Business

Ich hoffe, mit diesem exemplarischen Fall aufgezeigt zu haben, dass Scalping nicht irgendeine Spielerei, sondern ein richtiges Business ist. Dies bedeutet, dass es reelle Kosten gibt wie Kommissionen und Spreads, die überwunden werden müssen. Darüber hinaus gibt es immer wieder Slippage. Sie bekommen auch als Scalper nicht immer den gewünschten Preis, auch wenn ihr harter Stopp im Markt steht.

Trading und Scalping is hart, und nur die besten überleben. Wer das leugnet, weiß nicht, worum es geht. Aber ich wollte mit Jennys Lernkurve der ersten 3 Monate zeigen, dass es möglich ist, dieses Geschäft zu lernen. Wenn die Fundamente gut gelegt werden, kann es sehr profitabel sein. Sie wissen ja: Nach oben gibt es an der Börse keine Grenzen. Aber erst muss jeder Trader die harten Lektionen meistern. Wer das Handwerk richtig gelernt hat, hat in diesem Business definitiv eine Chance.

Viel Erfolg!

Heikin Ashi Trader

Lieber Leser,

Wenn Ihnen dieses Buch gefallen hat, dann schreiben Sie doch eine nette Kundenrezension bei Amazon. Das hilft dem Buch sehr! Und wenn Sie Kritik haben, können Sie diese selbstverständlich auch äußern. Ich nehme jede begründete Kritik ernst und versuche hiermit, meine Bücher weiter zu verbessern. Niemand ist perfekt und man kann immer neue Dinge lernen. Ich bedanke mich jedenfalls bei Ihnen für den Kauf dieses Buches und wünsche Ihnen viel Erfolg bei Ihren Börsen-Geschäften.

Kennen Sie auch schon das zweite Buch der Reihe „Scalpen macht Spaß!"?

Sie finden es auf www.amazon.de

Ein weiteres Buch auf Amazon: Wie starte ich mit 500 Euro ein Trading-Business?

Viele Trader haben am Anfang nur wenig Geld für´s Traden zur Verfügung. Dies muss aber kein Hindernis sein, trotzdem eine Trader-Karriere ins Auge zu fassen.

Impressum

Texte: © Copyright by Heikin Ashi Trader

Wilhemshavener Strasse 66A

10551 Berlin

Germany

pdevaere@yahoo.de

www.ingramcontent.com/pod-product-compliance
Lightning Source LLC
Chambersburg PA
CBHW070916180526
45168CB00005B/2035